POESÍA DE ANTONIA WANG:

EN ESPAÑOL:

Retrospectiva 2020: Reflexiones breves sobre un año largo

Matices: Poemas de amor y paisajes del alma

Rincones barridos: Poesías del interior

EN INGLÉS:

Love Bites: Poetry & Prose

In the Posh Cocoon: Poetry and Bits of Life

Hindsight 2020: Brief Reflections on a Long Year

Palette: Love Poems and Painted Words

Things I Could Have Said in One Line But Didn't: Poems on Love, Relationships and Existentialism

Rincones
barridos

POESÍAS DEL INTERIOR
ANTONIA WANG

Escrito y publicado por Antonia Wang
Corrección de estilo: Juan Antonio Suriel, SDB
Corrección de pruebas: Teresita S. Schnapp

Primera edición tapa blanda
y libro electrónico: Octubre 2023

ISBN: 979-8-9860457-8-8 (libro electrónico)
ISBN: 979-8-9860457-7-1 (tapa blanda)

Creado en los Estados Unidos de America

biteslove.com

Para Juan

PRIMERA PARTE

"Resplandezco en ti como una estela de luces colgadas en la penumbra. Solo verás mi luz cuando sientas mi calor".

Antonia Wang

VACÍA

Me vacían las tardes que amanecen
en mi ventana,
sugerentes pero sutiles
en todo lo que esconden.

Mi cráneo se hunde
en el marco de la cama,
mi espalda se erige
con un ejército de almohadas.

Y ese brusco sol se cuela
en mis ojos lánguidos.
Una mentira brillante resuena
en mis oídos, con besos incongruentes
donde la inercia lucha.

Me agotan las tantas noches
besuqueando olas,
mientras las estrellas caen sin enterarse
de un cielo indolente, y sin ataduras.

ESPACIOS MENTALES

En el ático hay espacio para mi cabeza,
junto a una guardería de versos desnudos
que vigilan las telarañas.
Dos oasis frescos se envuelven en burbujas.
Uno es una playa. El otro, una cama.

Hay un montón de besos que nunca te di,
y cuentos de hadas que yo misma
me contaba. Alimento a mi niña con
palabras vacías, y ella se echa a dormir.

Un gran gato naranja amasa mis anhelos.
Cuatro ratones amigables aguantan
mi respiración.
Devoran el lomo de libros antiguos,
dándome entereza.

Una vela encendida perfuma las horas,
y un viejo reloj dibuja el ocaso.
Sus manos de plomo me arropan y me
duermo, rápidamente, sin protestar.

FESTÍN

No me hace falta nada,
pues las cigarras llenan lagunas
con sus himnos y canturreos;
mis iris se bañan en ámbar
viendo pasar a las estaciones.
Lleno mi canasta con niebla azul
y crisantemos;
las manzanas medio mordidas
nutren a los pájaros cantores,
y siempre encuentras mi mesa
cuando se te antoja un hogar.

CONTRA EL RELOJ

Mi reloj no tiene manecillas,
así que empecé a danzar al revés
en torno a mi propia luz.
Recorrí el malecón de la vida
con júbilo y garbo.
Rastrillé los días marchitos
de mi agotado patio.
Jugando verdad o reto con el reloj de arena,
le corté los ojos al amargo pasado.

LAS ARRUGAS

Un lumen brilla en mi mesita de noche,
y una vergüenza de rosas
marchita mis mejillas.
Los años se sumen en las sábanas de seda;
las disculpas no pedidas se desmoronan,
secas, aún más abajo.
Me pregunta si alguna vez ansié
tu exuberante toque indulgente,
o si conté cada luna llena sin tus manos.
Hace mucho que los planetas
dejaron de girar bajo tu mando.

ELEGÍAS SILENCIOSAS

En el silencio, la estática gime
elegías silenciosas que la mayoría no
escucha.
Mas, tú sintonizas con el réquiem
de lo que no se ha dicho,
pues te pesa el corazón.
En esa cacofonía, yazgo despierta,
en una frágil burbuja de aliento y jabón,
libre del sondeo de tus dedos,
y de tu voz.

EL AHORA

El mañana no existe en las secuelas del
miedo.
El tiempo ha cerrado sus nobles arcos.
No tienes más remedio que cruzar los
brazos.
Ya no hay un pasado que aflija tus pasos,
halando tu ropa para fruncir tu rostro.
Sólo está el Ahora, extravagante y fino,
señalando el momento, instándote a actuar.

Libre albedrío

Una elección abarca dos latitudes
y un movimiento de la cabeza.
Hasta ahí llega mi arrepentimiento.

Un tintineo de vidrio o tus ojos abrasadores
hirviendo entre mis oídos,
paquetes de mis cosas preferidas
que llegaron fácilmente cuando las recibí,
cultivos que maduraron
solo en mis tiernas manos...

Y mi rostro atornillado hacia la cálida luz,
aún cuando el ayer se congeló en mi
espalda.

CITA ASTRAL

El silencio sisea la oscuridad
de los días entre mis oídos.
Las hojas dejaron de susurrar
su verde mustio fuera de mi ventana.
No hay palabra a la vista,
y mi perspectiva desde esta pecera
es tan nítida como la noche.
Entonces, enciendes mis sueños
para brillar juntos en un vuelo astral.

Bocetos

Permíteme trazar
una esfera con líneas de luz,
un mundo de arquetipos y mágicas efigies,
un encuentro con la esencia
a pocas vibraciones de distancia,
un día de hadas en el jardín
cultivando nuevas estrellas.

Bajo el caparazón

No tengo cuentos tristes
para ganar tu simpatía.
O si los tengo, pero no los contaré.

El dolor se encharca
como dulce melaza bajo mi lengua,
mientras me anuda la garganta.

Mis ojos se inundarían
si los glaciares en mi sangre
se derritiesen.

Escribiría la verdad
pero mi pluma está seca,
sin tinta o emoción.

Me parte el alma
que nadie me conoce
aunque he vertido el corazón.

SUPERNOVAS DE OLVIDO

Algún día brotará en mi algo más
que versos resecos que amargan
mi garganta.
Echarás una mirada de soslayo
a las supernovas que estallan
como un jubileo más allá de tu ventana.

Implosionarán en un parpadeo
descendiendo como polvo
en tu palma despistada,
Esperando ser dispersadas
junto a las razones tácitas
que rara vez riman.

ODA AL CREADOR

Degusto tu festín
de naranjas y especias,
descanso en tu abrazo
de carbono y luz,
recorro tus campos
de jazmines y pinos,
sueño en tu esfera,
y despierto en tu mundo.

Pinto en el lienzo de tu mente,
espacio y tiempo.
Adopto tus plantillas,
afino mis arquetipos.
Delineo tu horizonte
sobre mis líneas deformadas.
Me extingo en mi silencio,
y renazco en tu fulgor.

EL SOL CANTÓ PARA MÍ

Una vez, el sol cantó para mí.
Me elevó hacia su corona
de filigranas doradas.

Emergí hecha un rayo,
alimenté a una hoja.
Deslumbré al cielo con grafiti.

Me miraste, y te dio ceguera.
No pudiste evitar cerrar los ojos.
Morí en tus iris, me convertí en chispa.

Y allí vivo, brillante y voluble.

CORONAS DE VERANO

I.
Los pájaros cantan pero estoy cansada
de atraerlos a la veranda.
Se posan en la corona que tejí
con esperanza seca,
e inquietas hortensias atrapadas
en un pensamiento.

Mañana, picotearán a Dalia
y bromearán con Zinnia,
evitando complicaciones,
antes de descansar en un anhelo en cierne.

II.
Hice una corona de luna,
con suspiros de lavanda y dóciles
margaritas, enlazadas en una enredadera.
Cojeó el infinito y vino a colgar
en tu puerta de caoba.

Los pinzones asediaron el trono de pétalos
con fragantes sinfonías.
Se sientan y preguntan quién soporta el
encierro en tu entrópico hogar.

REFUGIO

Un camino semiescondido
desnuda sus hombros a los transeúntes.
Su pecho palpita bajo mis pies,
con recuerdos contradictorios
de pertenencia y angustia, petrificados.

Y me sumerjo en vestigios de luz
purificada, regada con benevolencia
por el sabio silencio de la tierra
en días tumultuosos.

LIMPIEZA INTERIOR

Los remolinos de salvia
anuncian una purificación,
una renuncia total
a lo que ya no tiene razón de ser…

una expulsión solemne
del "fue" y "pudo ser".
Sanar es limpiar,
liberar con espirales de humo,

desempolvar y manchar
los rincones escondidos
y las telarañas pegajosas,
abriendo espacio para la felicidad.

MEMENTO MORI[1]

En el último aliento,
los cuervos ancianos se posan
y los egos se desvanecen
en una luz blanca y resplandeciente.

Las historias se consumen
bajo el calor de una lupa.
La vanidad gimotea en un espejo roto,
y la finalidad aplasta al orgullo.

Un ángel te sirve
una última cena
mientras los lirios florecen
sobre tu tumba.

---

[1] Memento mori: frase latina que significa "recuerda que morirás".

VIVIR PARA EL MAÑANA

Veremos si los años sonríen,
cuando el instante le haga un giño al cielo,
ávido y audaz.
Quizás asientan con orgullo,
cuando la magia envuelva a los segundos.
Tal vez arrojen una mirada furtiva
a ayeres melancólicos,
cuando la euforia llenaba sus pechos
de nirvana puro.

¡Oh, dulce amor!

TRAVIESA

¿Ves cómo deshojo los pétalos
de la luna floreciente?
A ella parece no importarle.
Con cada tirón, se tiñe de rojo,
dando un poco más de luz.
¿Qué podrá decirle al sol
cuando él la cite por la noche?
Me silenciará con un guiño
y pedirá un sorbo de vino.

La firma del creador

Solo te percibo a ti.
Despiertas las mañanas con un susurro
y llenas mi bañera con maravilla líquida.
Inhalas volutas de café,
pues el calor prende tu coche.
Me elevas gentilmente con un pensamiento,
y en tu mente, levito.
Siembro sonrisas en tu jardín,
y se multiplican en un canto de elogio.

RELIQUIA ANCESTRAL

Una lanza inerte perturba mi médula,
ajena al paso doble del tiempo.
Es una reliquia ancestral, angosta y ligera,
chapada en oro, forjada en espejos.

Una canoa de ceiba surca mi sangre,
con los espectros de una tribu de ocaso.
Carga cacao seco, yautía hervida,
y pipas de caoba con cemíes machacados.

Los ojos de mi abuela, hundidos
de bondad, buscan en mi jardín
menta, salvia y pino. Su farmacia
reside en el plano astral.
Ella prepara remedios, mientras yo rimo.

EL TIEMPO

El tiempo no es una melodía exótica,
ni la firma tácita de los dioses
marcada por un metrónomo.
No es un estribillo, un verso,
o siquiera una canción.
Es nuestra prosodia inherente.
Es el ritmo del alma,
el qué y quién ocupó nuestras horas
en el camino de regreso a casa.

La eterna primavera

Vengo de "la eterna primavera",
en los Alpes del Caribe, donde los iberos

trabajaban la tierra, y enrollaban sus sueños
en andullos de tabaco.

Colaban los días con café
de cosecha propia.

Su dialecto eran las décimas
y los salmos fervientes.

Su baile era el paso doble,
y su andar, el merengue.

Los hombres eran recios y orgullosos.
Las mujeres, astutas y hermosas.

NIÑA INTERIOR

Mi habitación se desvanece en sable,
y mi mente sigue el mismo curso.
Tus palabras esculpen una ventana
luminosa, y pronto aparecen
los ogros de la niñez, aquellos
que nunca tuve que enfrentar.
Mi holograma fue intacto, mis ángeles,
nobles; pero me eludió la libertad.
Sentí un ligero reproche que recortó
mis ansias de volar.

EL POZO

Todo lo que experimentamos
emana de un pozo,
percibido como penumbra,
pues es invisible a los ojos.

La constante aurora enciende los segundos,
mientras se disipa el cieno,
pero pueden transcurrir incontables vidas
sin notar que el agua es cristalina.

Y el amor yace en manantiales amplios,
empapa la tierra y apila los ladrillos.
Teje las cuerdas, ajusta los lazos, y te brinda
un cubo para que puedas extraer.

TRATAMIENTO DEL SILENCIO

I.
Me alimentó de ausencia en lugar de
ternura. Las suculentas absorbieron
el silencio.
Metió su amor bajo las mangas.
Le petrificó los huesos.
Me privó de palabras, dicha y sol
cuando quería probarme.
Apilé mis cimientos sobre su sombra.
Ya no puede encontrarme.

II.
Algún día, cuando hablemos
el mismo idioma, él vendrá a mí
si se anaranja el cielo, y haremos
que el sol se sonroje y se esconda.
No nombraré los tonos que destellan
su aura en un día resplandeciente.
Nos sentaremos en silencio,
nuestras manos a la lluvia,
y veremos caer el cañón
hacia la eternidad deslumbrada.

Doble vida

Llevamos una doble vida.
Una cojea de mercado en mercado,
comprando fruta fresca el lunes,
y rubor malva el viernes.

La otra navega en un arroyo
de deseo en deseo,
arranca malas hierbas de prados invisibles,
y hunde sus dedos en el pasado viscoso
para saborear su miel.

MEDIDOR

Juzgamos mal a la niebla.
Oscurece el camino en un día de verano,
hasta que no podemos ver.

Entonces, escuchamos a los árboles
suspirar en los promontorios,
y a la Bahía insiándonos a no parar
a lamentar nuestras vidas,
mientras lanzamos una mirada furtiva
a un puente oxidado.

Finalmente, continuamos,
y conducimos sobre colinas doradas
con los ojos cerrados.

La niebla es un medidor de fe.

TAL VEZ FUE AMOR

Construidos sobre una corazonada,
nuestros días fueron *asana*[2] y *Sol Food*[3].
Nuestras tardes, hierro y vino
sobre pisos de madera.
Nuestras espinas dolían
por la curva de una vieja guitarra,
así que nunca nos movimos.
O tal vez fue el amor,
grabado en nuestras columnas
desde la base del pensamiento hasta el
sacro, lo que nos mantuvo inmóviles.

---

[2] Asana: rama de la Yoga que consiste en practicar una serie de posturas.

[3] Sol Food: restaurante puertorriqueño en el área metropolitana de San Francisco, California.

ANHELO Y PÉRDIDA

Cantamos himnos desgastados a su
destreza, a la forma en que tira y hala
al corazón un martes cualquiera...

pero la lluvia se rinde a las llanuras
sedientas en su propia medida,
y los anhelos nos conectan con la pérdida
por su ubicuidad.

El amor vive alegre, y duerme plácido,
en escasos puertos entre los dos.

PEQUEÑAS DOSIS

Un toque de suerte en aguas de trébol,
un poco de ébano en las abejas melíferas,
un atisbo de sensualidad en tu modestia,
y un matiz de humildad en tu pavoneo...

Un rubor rosado en el horizonte,
un mordisco de pasión en tus mejillas,
una sombra de pecado para sonrojar lo
puro,
y en tus caderas, un tremor de alegría...

Un rocío de mar en tu trasero,
una caricia de mantequilla en tu piel,
un bloque de fortaleza para todo un año
y una brizna de luna en tu tez...

LISTA DE DESEOS

Sin ningún orden en particular, desearía:

Pelar la corona del inclemente sol
y revelar ante todos, su esplendor…

Reencontrarme con la Vida
mientras escucho jazz y comparto un ron,
y a su esposa Quimera, dar la bienvenida…

Cenar en pantalones deportivos
(rosados y teñidos)
en la costa de la Riviera francesa…

Flotar bajo tu luz de luna,
fundirme en tus aguas saladas,
y dar inicio a una nueva era dorada.

CULPA

La musa dichosa entra con alegría
cuando se corren las cortinas.
Profunda como una caverna, fluye
desatada.

Quema suave como vela parpadeante,
y su llama es aún más estable y brillante
cuando el oxígeno se acaba.

¿Debo esparcir su resplandor?
Enhebrar con cuidado es un privilegio
para la túnica andrajosa.

Dejé mi cabeza pesada en las guillotinas
del dolor, y si no fuera por mi vestido
de teflón, tampoco soportaría las llamas.

Otro búho sabio

La sabiduría tiene un precio.

Los párpados del búho caen con la noche,
mientras mira más allá de las desgastadas
súplicas de amor y las oraciones silenciosas
que sofocan el aire.

Los anhelos susurrados se vuelven
cacofonías.
Son letanías de dolor y bendiciones
que suavizan la agonía
de incesantes viajes alrededor del sol.

Y ante tantas preguntas, él ulula.

SOLLOZOS Y SUSPIROS

Un sollozo se pierde
entre los picos y acantilados
de tu paisaje accidentado,
donde los ecos rugen
y se detienen repentinamente.

Los suspiros engendrarán
un ecosistema de angustia
que las lágrimas acecharán.

Y si llegaran a fluir,
una flor de loto podría emerger
y suavizar los filos
de tu piel cortante.

Ironía y metáfora

Lo que se extravía en la ironía
no puede hallarse en las metáforas.

Si las dalias fuesen carnívoras,
dejaría que mis temores
flotaran sobre sus pétalos,
para que devoraran mi carne
y bebieran mi sangre
cada vez que los empujara el viento.

Regatearía con sus fractales, buscando
imperfecciones, y solo encontraría
grandeza.

PÁJAROS TUITEROS

Es difícil discernir lo que es real
en esta era virtual.
Apenas logro distinguir tu voz
entre los pájaros que trinan;
pero la verdad se despliega como
monzones
en los sosegados días veraniegos,
y el silencio reina como lava
sobre la bruma invernal.

El camino medio

Si anhelas canciones de cuna,
cruza tus brazos y mece tu ser.
Recorre cien millas
en los pies de la Tierra.

Si te quedas sin aliento,
mueve tu torso abrumado
al ritmo de medias lunas danzantes
que saludan al viento.

Y cuando inclines la balanza,
ajústate a ti mismo.
Quédate en el punto medio
y simplemente respira.

Dolores de parto

Las cosas toman forman
mucho antes de ser concebidas.
Las ideas son solo dolores de parto.

Vi a una niña en el ojo de mi mente
antes de conocer varón.
La llamé "Mía" y así vino.
A donde quiera que vaya, es su destino.

Tenía libros en mi vientre
antes de tomar un bolígrafo.

NADA QUE DECIR

Las palabras fluyen con facilidad de mí,
y las escribo, pero no tengo nada que decir.

Acepto la cadencia tácita del tiempo,
la forma en que salda las deudas de la
naturaleza.

Una hoja caerá, los copos de nieve se
derretirán,
y los momentos se fractalizarán
inevitablemente hacia tu nombre.

El silencio pedirá sutiles pruebas de cariño,
y los tulipanes, una vez más, renacerán.

El rosario

Es de sabios asechar a la Tierra
mientras circula al anochecer,
y atraparla en el acto
de rellenar cavernas saqueadas
con cuentas de ayer.

¿Qué mejor manera de llenar el vacío
que con oraciones sin respuesta,
Avemarías inéditas convertidas en oro
en El Dorado, pulidas y relucientes
para aquellos que anhelan la esperanza?

Ventanas sucias

Algunos lamentan los tornados
y el rugir de los truenos,
pero cuando aúllan
asustan hasta a los cuervos.

Otros sorben el dolor de desayuno,
calientito y temprano,
reservando las lágrimas
para el almuerzo vespertino.

Algunos duermen con rosas fragantes
y se quitan las espinas con guantes.
Otros miran por sus ventanas sucias
deseando un mundo brillante.

INMORTAL

Incontables, los caminos
perdidos entre las horas
y los pies que se apresuran
a callejones sin salida.

Insoportables, los recuerdos
que violan los segundos,
sagaces y profundos,
irrumpiendo nuestra piel.

Indomables, los pensamientos
que despiertan la mañana,
con café y reproche
colándose a primera hora.

Intempestivo, el amor
que se nutre del silencio,
inmortal pero incapaz
de florecer con la primavera.

ALGUIEN

Algún día, alguien atrapará al sol
glaseando el cielo de aurora,
sonrojando mañanas sobre el horizonte.

Será bañado con luz...
esa que empapa como el amor,
y aguarda como la esperanza,
y colma como la fe,
derramando magia sobre su nombre.

Espero que ese alguien seas tú.

SEGUNDA PARTE

"Nadie canta como la lluvia cuando las nubes suspiran. Nadie tamborilea como un trueno en un cielo iracundo".

Antonia Wang

AVENTURA

Si yo fuera una pizca de sal
y tú un cristal de azúcar,
detonaríamos en la lengua del cosmos.

Nuestra mezcla estallaría,
como una supernova crujiente,
tragada por el éter con el capricho del día.

Nuestra aventura sería un condimento,
un momento picante en un continuo
insípido.
Nuestro amor, una explosión controlada
bajo el pulgar pegajoso del tiempo.

Una estrella se antojaría de nosotros
en un milenio aburrido, y como una tapa,
nos derretiríamos rápidamente
en su boca hambrienta.

UNGIDOS

No hay diva más grande que la lluvia
impetuosa.
Ella sabe cuánto pesan sus lágrimas
de oro líquido.
A menudo da, y otras veces retiene
lo que la naturaleza ansía.

Pero hay quienes prosperan en su ausencia
y no desean más que tierra seca y agrietada.
Ellos provocan su ira y se ahogan en
lágrimas,
se sienten abrumados e inundados.

A veces, es tierna, como una madre
cariñosa,
rociando su amor sobre llanuras sedientas,
o acompañando a amantes inexpertos
en una mesa de picnic.

Su única debilidad son las flores silvestres
que crecen despreocupadas
junto a la triste carretera,
recordando a los transeúntes
que no necesitan quedarse.

MÁSCARAS

¿Llevamos máscaras a nuestro final feliz?

Érase una vez un filtro de sueños diluidos.
Me encontraste en gotas fatigadas,
pose y ambiversión destiladas
sobre la piel sonrosada, como un barniz.

¡Ven, suspira! ¿Por qué no lamentar
los extremos a los que llegamos, en lugar
de cultivar arbustos de gardenias
con sentimientos ligeros?

Preferimos nutrir nuestros inflados egos,
que ahora irritan nuestras narices delicadas.

HERVOR TIBIO

A veces escribía, y notaba que un hervor
tibio encubría mis palabras,
como si quisiera que las escurriera
de su ociosa calma. Así lo hice.

Pensé que si exprimía una evocación
desde el más allá, no necesitaría encontrarte
en mis llagas vivas—
demasiado genial para los versos,
demasiado dulce para una canción
y, aún así, colgando libre
de una prosa pesada.

A veces escribía, y no me percataba
de que escribía para ti.

MANGOS BAJITOS

Te he amado por un año de poesía,
quizás por dos, o tal vez por todos.
He mordido el gusano del mango bajito.
Su masa fibrosa resistió mis labios,
fue mantequilla entre mis dientes,
pero blanda en mi lengua
que prefiere lo crujiente.
Ahora escojo frutos elevados,
en la cima del silencio,
y me saben a consuelo.

MEDIANOCHE

Mis sábanas me resienten en las noches
frescas, cuando la luna me mira de perfil
por la ventana soñolienta.

Una sonrisa florece en sus ojos opacos.
Se esconde una risa en su cráter más
profundo cuando pienso en ti.

Ella conoce los anhelos de medianoche,
ansias de tiempos intoxicantes,
cuando se emborrachaba de sol ardiente
y brillaba con la resaca, arrojando luz
prestada sobre amantes melancólicos
que solo la notan cuando están separados.

Me molesta la demacrada luna
en las mañanas de invierno,
cuando estás a mi lado.

Cortejando a la primavera

La primavera no se apresurará
porque te cansaste del invierno.
Debes cortejarla como a una doncella.
Empieza por vestir pantalones cortos,
para ir ensayando.

Vuela sobre la tundra
y derrite el desencanto.
Escríbele una canción.
Sonrójala de la intriga.

Hazle cosquillas a sus escrúpulos.
Sé encantador sin medida.
Enciende sus brasas de medianoche.
Caliéntale los oídos.

Muestra tu éxtasis por su desnudez.
Imprégnala de asombro,
para que florezca.

KINTSUGI[4]

Disfruta tu limerencia por la belleza
quebrada, un brillo que conecta
tu oro con su arcilla.
La banalidad favorece la apariencia
y el orden, la compostura sosegada
de un nuevo jarrón.

Piensa en el derroche de versos
a medio escribir, las infinitas sendas
hacia un recodo o rima.
Una avalancha de Goliat podría detenerte,
pero la abundancia resplandece más allá
de esa línea inacabada.

---

[4] Kintsugi es la antigua técnica japonesa de reparar
artefactos de cerámica con oro.

CONSUELOS MÓRBIDOS

Me enamoré en demasía
de mis propios errores
y no pude sentir la virtud
de tus cándidas manos.

Perdóname,
por no inhalar profundamente
el exceso de *prana*[5] que era tu amor.

Los consuelos mórbidos tienen mil vidas,
y yo estaba envuelta en dolor.
No pude romper la cerradura de esa puerta
oxidada, para dar paso a tu fresco amor.

---

[5] prana: palabra sánscrita que significa "fuerza vital".

LO DURADERO

Siéntate a mi lado.
Los vientos ahora descansan.
Lo único que perdura es piel y sal.
El silencio lamenta su inútil agravio
entre tus manos.

Aquí seguimos nosotros,
juntos después de concluir la novela,
más sólidos que el látigo pálido del océano.
¿Qué ha mantenido a este modesto barco
durante la tempestad? Un mástil robusto:
el cariño y la verdad.

¡Gracias por leer Rincones barridos!

Si lo disfrutaste, por favor toma unos minutos para *dejar una reseña*. Tu opinión es importante para mi, y ayuda a otros lectores a encontrar este libro.

Sobre la Autora

Antonia Wang es la autora de varios poemarios en inglés y español, entre los que se encuentran: Retrospectiva 2020, Matices, y Rincones Barridos. Es una becaria internacional de CASS originaria de la República Dominicana.

Su trabajo ha sido elogiado por sus imágenes vívidas y reflexivas, y por su cuidadosa exploración de temas como el amor, la pérdida, el conocimiento interior y la identidad. Su voz poética singular figura en varias revistas literarias y antologías internacionales.

Antonia escribe en inglés y español. Se inspira en sus viajes por el mundo, su herencia caribeña dominicana y su práctica de yoga de casi 20 años. Vive con su familia en los Estados Unidos.

Sitio web: www.biteslove.com

Reconocimientos

La versión en inglés de los poemas incluidos en la segunda parte fueron publicados en la antología poética internacional "Midnight With Words: Late Night Conversations in Poetry" (2021).

Mi cariño fraternal y profundo agradecimiento a Juan Antonio Suriel, por prestar su sensibilidad artística y ojo literario crítico a esta obra. A Teresita Schnapp, por su valioso aporte en la corrección de pruebas.

A mi familia, por proveerme un ambiente tranquilo e inspirador para la reflexión y la escritura.

A la comunidad de escritores internacionales en Twitter, en particular, a los organizadores y participantes de los hashtags literarios #vss365 y #FromOneLine, que han inspirado las primeras versiones de muchos de estos poemas con sus retos de palabras.

A mis lectores: ¡gracias!

www.ingramcontent.com/pod-product-compliance
Lightning Source LLC
Chambersburg PA
CBHW021142020426
42331CB00005B/869